mahmud darwich

onze astros

mahmud darwich

onze astros

prefácio e tradução **Michel Sleiman**

Tabla.

título original
أحد عشر كوكبا | *ahada achara kawkaban*

© Mahmoud Darwish Foundation, 2020.
tradução © Michel Sleiman, 2021

editora Laura Di Pietro
capa e projeto gráfico Marcelo Pereira | Tecnopop
revisão do prefácio Isabel Jorge Cury

Este livro atende às normas do Novo Acordo Ortográfico em vigor desde janeiro de 2009.

Dados internacionais de catalogação na publicação (CIP)

```
D228o
    Darwich, Mahmud, 1941-2008
      Onze astros / Mahmud Darwich ; prefácio e
    tradução: Michel Sleiman. – 1. ed. – Rio de
    Janeiro : Tabla, 2021.
      112 p. ; 21 cm.

      Tradução de: Ahada achara kawkaban.
      Tradução do original em árabe.

      ISBN 978-65-86824-09-4


      1. Poesia árabe. 2. Palestina. I. Sleiman,
    Michel II. Título.
                                    CDD 892.71
```

Roberta Maria de O. V. da Costa – Bibliotecária CRB-7 5587

A primeira edição em árabe foi publicada em 1992, em Beirute.

[2021]

Todos os direitos desta edição reservados à
Editora Roça Nova Ltda
+55 21 997860747
editora@editoratabla.com.br
www.editoratabla.com.br

Notas para *Onze astros* **7**

Onze astros no último céu andalusino **19**

Discurso penúltimo do "índio vermelho" diante do homem branco **45**

Numa pedra cananeia no Mar Morto **65**

Elegeremos Sófocles **75**

O longo inverno de Rita **87**

Um cavalo para o estrangeiro **99**

Notas para *Onze astros*

Em entrevista dada em sua última residência, em Amã, na Jordânia, em 2005, ao poeta e crítico literário libanês Abdo Wazen e publicada no jornal londrino *Al-Hayat*, Mahmud Darwich, então com 64 anos, sublinhou que seu "nascimento como poeta" só se completou nos anos 1980, quando vivia em Paris, depois de passar por diferentes localidades e experiências desde que se exilou de sua terra natal, em 1970.

Fora da Palestina, Darwich viveu em grandes centros urbanos. Estudou por quase um ano em Moscou, depois morou outros dois anos no Cairo até que, finalmente, fixou residência mais demorada em Beirute.

Na capital libanesa, editou por anos a revista *Assuntos palestinos*, ligada à OLP — organização liderada pelo amigo Yasser Arafat —, além de fundar a revista *Al-Karmel*, em 1981, de periodicidade trimestral, projeto literário de que se ocupou até o fim da vida. Alguns meses depois da invasão israelense ao Líbano, em junho de 1982, e do consequente fechamento do escritório da OLP, a permanência de Darwich em Beirute ficou inviável, o que o levou a buscar exílio primeiro em Túnis, que passou a sediar a então alquebrada OLP, e logo mais em Paris.

Nos dez anos em que morou na capital francesa, o poeta alternou residência com a capital do Chipre, Nicósia, onde imprimia a revista *Al-Karmel* que editava em Paris enquanto se dedicava às demais atividades criadoras em prosa e verso. São precisamente os escritos parisinos que nos levam ao Darwich de *Onze astros*, obra publicada em 1992 pela editora beirutense Al-Awda.

Onze astros é o livro que recupera temas e princípios do verso que, com Darwich, formam uma alternativa à modernidade preconizada pelos avatares da poesia reunidos em Beirute em torno de revistas como *Adab* e *Chiir*, com as quais Darwich colaborou eventualmente, tendo coeditado por um ano a revista *Mawáqif*, fundada por Adonis, poeta sírio conhecido pelo leitor brasileiro, que igualmente se radicou em Beirute desde os finais dos anos 1950, e igualmente se exilou em Paris após a invasão de 1982.

O tema da pátria ocupada e da nação usurpada pelo invasor estrangeiro, o tema do exílio interno de quem se vê desterritorializado dentro do próprio país, ou do exílio de quem se encontra fora da terra natal, o tema do embaralhamento ou mesmo da perda da identidade de quem se encontra exilado ou subtraído de seus direitos à terra e a sua historicização, o tema da percepção dessas estranhezas, enfim, que identificam facilmente um não judeu que tenha nascido nas terras da Palestina ou que descenda de quem dali se expulsou ou se exilou, tudo isso é o tema de *Onze astros*, levado, porém, à universalização, ao tempo e lugar do outro, digamos, dos outros.

O palestino que perde a casa e a adjacente terra para o estrangeiro judeu reconquistador de 1948, quando se decretou o Estado de Israel, e para o israelense conquistador de 1967, ano em que se deu a Guerra dos Seis Dias, é o andalusino de Granada que perde a casa para o reconquistador de Castela no ano de 1492. É também o ibérico, em vaivém de cigano, que perde a casa para o conquistador árabe no pretenso ano de 711: "conquista, reconquista,/ o tempo antigo entrega ao tempo novo as chaves de nossas portas./ (...) o Alandalus/ era aqui ou lá? Na terra ou no poema?". Com isso, os violinos que se ouvem em "Onze astros no último céu andalusino", poema que abre o livro, choram uma mesma e várias perdas.

Num passo adiante, o palestino de 1948 é o índio americano de 1492 que perde a terra para Colombo e seu deus, o deus dos brancos; e o errante palestino, a cada dia mais subtraído em seu direito de retorno à terra — por efeito dos malfadados Acordos de Oslo, gestados desde 1991 em Madri e reafirmados em 1993 na cidade norueguesa, a contragosto de Darwich e de muitos outros intelectuais palestinos —, é o Chefe Seattle de 1854, que vê (re)negado por Franklin Pierce, presidente dos EUA, o direito de existir a nação dos Duwamish, a quem o presidente acena com intenções de "comprar" suas terras. O segundo poema do livro, "Discurso penúltimo do 'índio vermelho' diante do homem branco", é uma ode à natureza e ao laço estreito e figadal que une o homem à terra em que nasceu e viveu e desta o faz brotar, geração após geração, em ininterrupto testemunho dos mortos presentes nas substâncias que compõem o solo. É esse o nexo que liga o canto americano ao canto seguinte, cananeu, terceiro poema do livro.

Os manuscritos encontrados em cavernas de Qumran, na Cisjordânia, a poucos metros da margem noroeste do Mar Morto, em finais da década de 1940 e no decorrer dos anos 1950, têm sua entrada na história ao mesmo tempo que palestinos não judeus são banidos de suas casas e terras e Israel estende a política de assenhoreamento local. Após um vácuo de algumas décadas, os tais manuscritos passam a circular precisamente em 1991, ano em que os Acordos de Oslo começam a ganhar forma. Aqui um paralelo inevitável: a história do povo palestino, judeu e não judeu, é anterior aos judaísmos, cristianismos e islamismos. A Canaã darwichiana do poema "Numa pedra cananeia no Mar Morto" desconhece o exclusivismo hebreu ou árabe, e o poeta cananeu diz-se assentado sobre uma pedra (menos corrosível decerto que a folha de papiro), em cima da qual engasta a gênese de uma voz contínua: "E aquelas nossas vozes/ e aquelas vozes deles entrecortam-se por cima das colinas, formando um só eco/ ao eco, fundindo uma flauta em outra, e o vento uiva e uiva, em vão,/ como se nossos hinos no outono fossem hinos deles no outono,/ como se o país estivesse a sussurrar-nos o que dizer".

Daí o enlace com o quarto poema do livro, "Elegeremos Sófocles", que toma o autor de *Édipo Rei* como o antecessor direto do cananeu tornado árabe com a generalizada arabização de Canaã (hoje Israel, Cisjordânia, Faixa de Gaza, Líbano, Síria, Jordânia) e palestino com a traição do irmão instaurado israelense uma vez restaurado o Estado mítico de Sião. Por isso mesmo, para ocupar o posto de pioneiro da poesia palestina a voz de Darwich elege o poeta grego do século V a.C. antes do que o hijaziano Imru Alqays do século V d.C., que os árabes muçulmanos tomam consensualmente por primevo: "para [justamente] interromper o ciclo" das pertenças que estreitam a identidade e forjam descontinuidades, marcando forte a linha das fronteiras, fatiando o céu de todos.

 O amor impossível, interrompido, é outro eixo temático de *Onze astros*, depois de tratar da ocupação e da origem comum e mais profunda dos povos, mencionadas acima. Rita, no quinto poema do livro, é o nome de mulher que aparece em outros dois poemas da juventude de Darwich. O primeiro, "Entre Rita e meus olhos há um fuzil", faz parte do livro *Fim da noite*, de 1967, e popularizou-se na composição musical e voz do libanês Marcel Khalife como um legítimo hino do amor impossível. O segundo, "Ame-me, Rita", apareceu em *Os pássaros morrem na Galileia*, de 1969. "O longo inverno de Rita", em *Onze astros,* soa, contudo, muito diverso na proposição de tal amor, ao embaralhar o feminino com a autopercepção do masculino e só concretizar-se enquanto projeção de corpos e mentes, num espaço — o quarto do casal —, que pode ser o recinto íntimo tanto de uma casa como de um hotel, e num tempo, que pode ser o dos corpos maduros no agora, ou dos corpos jovens de quando o amor foi ceifado pelas contingências da guerra: o dele, palestino, é dado como um corpo partido para o exílio; o dela, judia, é dado como um corpo a engrossar as fileiras das Forças Armadas de Israel: "colocou seu pequeno revólver no rascunho do poema,/ jogou as meias na cadeira, e o arrulho se quebrou./ Foi, descalça, ao desconhecido, e eu... a partida me acolheu". O poeta aplica à questão do amor impossível o filtro do olhar em perspectiva, projetando-o ora para a frente ora para trás, em condução a cargo não dele, nem dela, mas do leitor, das lentes do olhar desse leitor.

"Um cavalo para o estrangeiro", poema que encerra *Onze astros*, aborda o homem quebrado e jogado num cenário de desertificação, seja pela ação das guerras, seja pela traição dos pares. Trata-se da elegia de um poeta palestino a certo poeta iraquiano, arrancados, ambos, da terra verdejante: "Deserto para a voz, deserto para o silêncio, deserto para a insensatez eterna./ Deserto para as tábuas da lei, para os livros nas escolas, para os profetas, para os sábios./ Deserto para Shakespeare e para todos que procuram Deus no humano./ Aqui escreve o último árabe: sou o árabe que não existiu".

Últimos e inevitáveis paralelos: Canaã e a Babilônia, berços da civilização ocidental, estão sob ataque. Em 1991, o Iraque é bombardeado desde o sul pelas forças coligadas de Reino Unido, Egito e Arábia Saudita, sob a liderança dos EUA de George Bush pai. No mesmo ano, avançam os Acordos de Oslo, cujas formulações indicavam mais fechamento das portas de Israel para o tão sonhado retorno dos exilados a suas terras na Palestina. Àquela altura, Tamari Ben Ami, que Darwich conhecera na juventude — ele com 23 anos, ela com 17 —, a mulher judia que, diz-se, inspirou a Rita dos três poemas, vai a Paris na promessa de reencontrar o amor interrompido pelos conflitos de 1967. É o que nos diz Tamari em 2014, no belo documentário *"Write Down: I Am an Arab"*, de I. M. Menuhin: já não se encontram no quarto de hotel, que os rejuntaria. O longo inverno que se instalou entre ambos parecia intransponível: "Ela disse: Voltarei depois que os dias e os sonhos tiverem mudado. Rita... é muito longo/ este inverno, e nós somos nós".

É clara a linha dorsal temática em *Onze astros*, que parte dos dramas percebidos no coletivo e chega aos dramas do indivíduo (ou será o inverso?), sem que uma esfera esteja esvaziada da outra, ou seja, as questões do coletivo são compartilháveis pelo indivíduo em seu domínio mais recôndito, o amor: carnal ou fraternal. Isso é possível ao poeta porque a matéria da realidade de onde partem seus poemas é colhida do tato, do testemunho ocular e das demais percepções dos sentidos, sendo fruto da experiência vital, da cotidianidade. A pátria não é um conceito abstrato, mas o punhado de terra revirado no plantio e na colheita do cidadão homem e mulher. A matéria mítica também é de foro íntimo, porque o lugar da fala de Darwich é o da linhagem não do nome mas das gentes que se revezaram na terra cananeia ao longo dos milênios. "Os profetas são todos minha família", ele diz.

Olhar para o mundo árabe desde Paris... Esse distanciamento, na avaliação do poeta, permitiu a ele passar pelo crivo a poesia de anos anteriores. O engajamento de sua poesia de juventude — que lhe valeu o reconhecimento como "poeta nacional", devido a poemas que se tornaram efetivamente populares, colados na boca do povo, como a canção "Saudade do pão de minha mãe" e a citada "Entre Rita e meus olhos há um fuzil", ou o emblemático "Anote: eu sou árabe", todas composições do jovem Darwich residente em Haifa — deu lugar a uma poesia avizinhada da subjetividade e das questões do mundo. Mas tal subjetividade Darwich centra na Palestina, o umbigo do mundo que lhe importa, em profusão contínua de motivos que fazem daquele pedaço de chão o paraíso perdido, instância e lugar aos quais se pleiteia retornar a cada novo livro publicado e a cada leitura pública de seus poemas. Em *Flores a menos*, de 1986, o poema "Eu sou José, meu pai", que faz referência explícita a uma passagem corânica da Sura 12, formula as perguntas a que *Onze astros,* de 1992, responde em seis longas jornadas poemáticas: "O que eu fiz, meu pai, e por que eu? Você me chamou de José, e eles me empurraram no poço, e culparam o lobo, mas o lobo é mais complacente que meus irmãos... Meu pai! Cometi algum crime quando disse ter visto onze astros, o Sol e a Lua, a reverenciarem-me prostrados diante de mim?". A perda do colo familiar equivale, pois, à queda do paraíso e, nesse sentido, o senso do Adão árabe o leva a perceber duas perdas: a do paraíso celestial, quando da desobediência, e a do paraíso andalusino, quando da conquista de Granada por Fernando de Aragão e Isabel de Castela. Mas Darwich sublinha uma repetição importante no poema "Onze astros no último céu andalusino", quando sobrepõe recidivas perdas árabes: a andalusina, na iminência da conquista do Novo Mundo em 1492, e a cananeia-palestina, quinhentos anos depois. O rei granadino Boabdil, que a tradição literária hispânica perpetuou em cantares de tom elegíaco, é agora Darwich acompanhado da lira de Lorca e das oliveiras dos dois paraísos... perdidos: "Sou o Adão de dois paraísos que perdi pela segunda vez./ Então, expulsem-me devagar/ e matem-me rápido./ Debaixo de minha oliveira./ Com Lorca".

Onze astros apresenta seis longos poemas líricos, formados por versos igualmente longos, em diversificada disposição estrófica, que à primeira vista pareceriam prosa não fossem versos de fato, com plangência notável, decantada e vigorosa, meditativa e convidativa à leitura de imersão. A pertinência ou não do verso livre esteve no centro das discussões sobre a modernidade desde a virada do século XX, e não foi diferente nos países árabes. A objeção que enfrentou esse recurso poético centra-se sobretudo no entendimento que se tinha quanto ao metro e ao ritmo, elementos do poema árabe que vinham já atados por conceito, numa tradição literária de prestígio, desde pelo menos o século IX, quando teve início a transmissão por escrito nos centros de cultura da época: Damasco, Alepo, Kufa, Basra, Bagdá e, algo mais tarde no oeste, no Cairo, em Córdova, Sevilha e Kairuan, além de, mais a leste, a não menos importante cidade palestina de Safad. Em todas essas localidades, escolas, mesquitas, centros universitários, ateliês de copistas, a poesia recebeu o selo de reconhecimento. Quase nada do que se legou chegou-nos sem a garantia de qualidade literária, ao menos na arte do verso. A excelência do poema se media na correção linguística, na precisão métrica atrelada à rima, na força da expressão e na capacidade de um símile revelar algum aspecto inusitado ainda de um tópico arquiconhecido: a beleza é um rosto redondo e brilhante contornado por mechas escuras de cabelo ondulado que em tudo lembram a Lua cheia furando o manto denso e escuro da noite profunda. Mas tal beleza foi abruptamente assolada em meados do século XX pelos poetas e suas novas perspectivas de lirismo, dadas num prisma de infinitas possibilidades. A de Darwich enfrenta sem temor ou pudores a linha da prosa, mas não toma seu lugar, nem se coloca como seu antípoda. Seu verso e sua expressão reconduzem a verve neoclássica lá aonde a modernidade da poesia submete o verso ao ritmo da prosa e aonde, por outro lado, essa modernidade procura um caminho para o verso de todo alheio a tal ritmo. Daí a reverberação do verso de Darwich entre a plateia acalorada e levada muitas vezes ao frenesi. *Onze astros* e seu poema denso em verso longo dado em muitas divisões prestam-se também à leitura pública e sem pressa, alimentada por aplausos e lágrimas de exaltação. Você, leitora, leitor, tem nas mãos uma prova disso.

Uma última palavra devo dizer ainda, como tradutor: registrar meu agradecimento às muitas pessoas que acompanharam ativamente este trabalho iniciado há aproximadamente dez anos, quando publiquei com Safa Jubran uma primeira versão do poema de abertura deste livro na revista *Zunái* e, posteriormente, uma primeira versão do quinto poema na revista *Teresa*. A Safa e aos editores expresso minha gratidão e alegria pelos passos que trilhamos juntos nas várias etapas de acercamento a este livro. Agradecimento carinhoso e especial ao companheiro Josué Azevedo dos Santos e às mestras e generosas amigas Yara Frateschi Vieira e Lênia Márcia de Medeiros Mongelli, que nestes tempos de confinamento borraram a percepção em mim do trabalho solitário, enriquecendo os poemas com suas sugestões e correções à medida que os textos iam sendo traduzidos, melhorando-os sensivelmente. Gratidão imensa, sobretudo, a Laura Di Pietro, que sorriu sempre acreditando no projeto da editora Tabla e confiou a mim a tarefa de traduzir um primeiro livro integral de versos desse íntegro "Poeta da Palestina".

Michel Sleiman
São Paulo, fevereiro de 2021

Onze astros no último céu andalusino

I

**Última noite
nesta terra**

Na última noite nesta terra, arrancamos nossos dias
dos arbustos e separamos as costelas, as que levaremos junto
e as que deixaremos aqui, na última noite
não temos tempo para despedidas, ou tempo para acabar as coisas,
tudo fica como está, é o lugar que vai trocar nossos sonhos
e vai trocar seus visitantes. De súbito, não saberemos como brincar,
porque o lugar já aguarda seu hóspede pó aqui, na última noite
contemplamos as montanhas cercadas pelas nuvens: conquista, reconquista,
o tempo antigo entrega ao tempo novo as chaves de nossas portas.
Entrem, então, conquistadores, entrem em nossas casas, bebam de nosso vinho
e de nossas doces *muachahát*. A noite é o que somos depois da meia-noite,
sem o alvorecer trazido nas patas de um cavalo emissário do último chamado à oração.
Nosso chá é verde e quente, bebam-no, nosso pistache é crocante, comam-no,
nossas camas são verdes, da madeira do cedro, usem-nas para descansar
após tão longo cerco, e durmam sobre as plumas de nossos sonhos,

as camas estão forradas, o perfume recende à porta, há tantos espelhos, entrem,
nós sairemos de vez e logo procuraremos saber
como era nossa história em torno da história de vocês no país distante,
vamos ao final nos perguntar: o Alandalus
era aqui ou lá? Na terra ou no poema?

II

**Como escrever
na nuvem?**

Como escrever na nuvem o testamento de meu povo? Nossa gente
abandona o tempo como quem deixa um manto em casa e, toda vez
que alguém ergue um forte, outro o derruba e, em seu lugar, arma uma tenda
por saudade da palmeira original. Nossa gente trai nossa gente
nas guerras em defesa do sal. Mas Granada é feita de ouro
e da seda que as palavras bordam com amêndoas, é feita da prata que a corda
do alaúde arranca em lágrimas. Granada
sobe à alta cima de si mesma e é dela o que aspira a ser: saudade de
tudo o que passou e passará: a asa da andorinha
roça o seio da mulher na cama, e ela grita: Granada é meu corpo,
alguém perde a gazela nas estepes e grita: Granada é minha terra
e eu sou de lá... cante! para que o pássaro-de-seda chegue ao céu
pelos degraus de minhas costelas, cante a bravura de quem escala a morte
a cada lua nos becos da amada, cante as aves do jardim
em cada uma de suas pedras. Amo-a, e tanto... você que me fragmentou

no caminho até a noite acalorada, cante
não haverá outra manhã que recenda a café depois de Granada... cante minha partida
deixados o arrulho da pomba em seus joelhos e o ninho de minha alma nas letras
que desenham seu nome, Granada, você nasceu para isto, o canto, cante!

III

**Atrás do céu
tenho um céu**

Atrás do céu tenho um céu para voltar, mas
continuo a polir o metal deste lugar, dando vida a uma hora
que entreveja a ausência. Sei que é um só o pacto
com o tempo, como sei que sairei de meu estandarte
como um pássaro que passa batido pela árvore do jardim,
sairei de minha pele, e de minha fala
cairão palavras sobre o amor
nos poemas de Lorca que habitará comigo o quarto de dormir
e verá comigo o que vi da lua beduína. Sairei
das amendoeiras como um algodão na espuma do mar.
Um estranho passou aqui carregando setecentos anos de cavalos.
Passou aqui para que um estranho passe lá. Sairei em instantes
das dobras de meu tempo, serei um estranho para a Síria e para Alandalus.
Esta terra não é meu céu, mas esta noite é minha noite,
as chaves são minhas, os minaretes são meus, os lampiões, e eu

sou meu. Sou o Adão de dois paraísos que perdi pela segunda vez.
Então, expulsem-me devagar
e matem-me rápido.
Debaixo de minha oliveira.
Com Lorca.

IV

**Como um
rei do fim**

... e como um rei do fim... apeio de meu cavalo
no último inverno. Sou o último suspiro árabe.
Não apareço para a murta nas soteias das casas, nem olho
para os lados para não ser visto por alguém que eu conheça, alguém
que saiba que lapidei o mármore das palavras para minha mulher cruzar
descalça as poças de luz. Não apareço para a noite para não ver a lua
que antes acendia os segredos de Granada em cada corpo.
Não apareço para a sombra para não ver alguém
correr atrás de mim, a carregar meu nome, e dizer:
tome de mim seu nome e dê-me a prata do álamo. Não me viro
para trás para não lembrar que passei sobre a terra: não há terra
nesta terra desde que o tempo se quebrou em estilhaços ao meu redor.
Não fui o apaixonado que acredita ver espelhos na água,
como eu disse aos velhos amigos, e nenhum amor virá em meu socorro.
Desde que aceitei o "pacto da errância" não tenho mais um presente

para amanhã ter por perto meu ontem. Castela
vai erguer sua coroa no minarete de Deus... escuto o tilintar das chaves
na porta de nossa dourada história. Adeus a nossa história.
Serei eu a fechar a última porta do céu?
Sou o último suspiro árabe.

V

**Um dia me sentarei
na esplanada**

Um dia me sentarei na esplanada — da estranheza.
Não fui um narciso, mas zelo por minha imagem
nos espelhos. Já não esteve aqui outro dia, ó estranho?
Quinhentos anos se passaram, e se acabaram, mas o rompimento entre nós
não é total. As cartas não cessaram. As guerras
não mudaram os jardins de Granada. Um dia passarei por suas luas
e roçarei meu desejo num limão. Abrace-me, e assim renasço
dos ventos de sol e rio sobre seus ombros,
renasço dos pés que arranham a tarde e vertem lágrimas de leite para a noite do poema...
Não fui o efêmero na voz dos cantadores, fui a letra dos cantadores, a paz
entre a Pérsia e Atenas, um Oriente abraçado a um Ocidente
numa viagem até a mesma essência.
Abrace-me, e assim renasço das espadas damascenas nas lojas.
O que sobrou de meu é só a armadura antiga, a sela dourada do cavalo.
O que sobrou de meu é só um manuscrito de Averróis, o Colar da Pomba, as traduções...

Costumava sentar-me na esplanada ante o Largo do Crisântemo
e contar as pombas: uma, duas, trinta... e as meninas que
raptavam a sombra das árvores sobre o mármore, deixando para mim,
amarelas, as folhas do tempo. O outono passou por mim e não me dei conta.
Passou inteiro o outono, nossa história passou sobre a esplanada...
                                          e não me dei conta!

VI

**A verdade tem duas faces,
e uma neve escura**

A verdade tem duas faces, e uma neve escura cobre nossa cidade.
Não podemos desesperar-nos mais do que já nos desesperamos.
O fim marcha até a muralha, em passos firmes,
e bate, sempre firme, o piso molhado de lágrimas.
Quem vai arriar nossas bandeiras: nós ou eles? Quem
vai ler ante nós o "pacto do desespero", ó rei da agonia?
O que é nosso está arranjado. Quem vai tirar nossos nomes
de nossas identidades: você ou eles? E quem vai plantar em nós
o discurso da errância: "Não conseguimos afrouxar o cerco. Entreguemos,
pois, as chaves de nosso paraíso ao enviado da paz, que nos salve..."
A verdade tem duas faces. Nosso santo distintivo era uma espada. Você,
o que fez com nossa fortaleza antes deste dia?
Não lutou porque teme o martírio, mas seu trono é um caixão.
Carregue o caixão para conservar o trono, ó rei da espera.
Esta partida vai nos tornar um punhado de pó...

Quem vai enterrar nossos dias depois da partida: você ou eles? Quem
vai içar seus estandartes em nossas muralhas: você ou
algum cavaleiro em desespero? Quem vai pendurar seus sinos quando tivermos ido,
você ou algum sentinela em desespero? O que é nosso está arranjado.
Então, por que retarda o fim, rei da agonia?

VII

**Quem sou
depois da noite do desterro**

Quem sou depois da noite do desterro? Desperto de meu sonho
com medo ao dia fechado no mármore da casa, medo ao sol
escuro na flor e à água do chafariz,
medo ao leite na pele do figo e medo a minha língua,
medo ao vento que penteia o salgueiro e medo
ao tempo claro e denso, medo à presença
que deixou de ser presente, medo a passar por um mundo
que deixou de ser meu mundo. Desespero, seja-me misericórdia. Morte, seja
benção ao estrangeiro que vê mais clareza no desconhecido do que
numa realidade que deixou de ser realidade. Cairei céu abaixo de uma estrela
até uma tenda no caminho que dá... dá onde?
Onde está o caminho para qualquer coisa? Vejo mais clareza no desconhecido
do que numa rua que deixou de ser minha. Quem sou depois da noite do desterro?
Costumava ir até o cerne nos outros, agora
perco o cerne e os outros. Sumiu meu cavalo na costa atlântica.

Meu cavalo na costa do Mediterrâneo crava em mim a lança do cruzado.
Quem sou depois da noite do desterro? Não posso voltar
a meus irmãos perto da palmeira de nossa antiga casa. Não posso descer
ao colo de meu abismo. Ó desconhecido! Não há coração... coração algum
que eu habite depois da noite do desterro...

VIII

**Água, seja corda
a meu violão**

Água, seja corda a meu violão. Já chegaram os conquistadores
e se foram os conquistadores antigos. É difícil eu lembrar meu rosto
nos espelhos. Então seja você, rosto, a lembrança para eu ver o que perdi...
Quem sou depois desta partida em massa? Há uma pedra minha
que guarda meu nome no alto de um monte por onde se vê o que passou
e se acabou... setecentos anos me acompanham na despedida atrás dos muros da cidade...
O tempo zomba e volta para eu salvar meu passado de um
instante que faz nascer agora a história de meu exílio em mim... e nos outros.
Água, seja corda a meu violão, já chegaram os conquistadores.
Os conquistadores antigos foram-se para o sul, povos
rejuntando seus dias num punhado de mudanças: sei quem fui ontem,
mas quem serei amanhã sob as bandeiras atlânticas de Colombo? Água, seja corda
a meu violão. O Egito não está no Egito. Fez não está
em Fez. E a Síria está distante. Não vejo nenhum sacre
na bandeira local, nenhum rio a leste das palmeiras cercadas

pela rápida cavalaria mongol. Em qual Alandalus vou terminar? No daqui
ou no de lá? Saberei que morri aqui e deixei
o melhor de mim: meu passado. Só me resta o violão.
Água, seja corda a meu violão. Já se foram os conquistadores
e vieram os conquistadores...

IX

**Na grande partida,
amo-a mais**

Na grande partida, amo-a mais... em instantes
você fechará a cidade, e o coração em suas mãos não será meu, nenhum
caminho já me leva e, na grande partida, amo-a mais.
O leite faltará a nossos lábios de romã, seu peito ido.
As palmeiras ficarão leves, o peso das colinas ficará leve, e leves também
nossas ruas no crepúsculo. A terra ficará leve quando despedir a própria terra.
Leves as palavras e as histórias nas escadas da noite. Mas... meu coração está pesado.
Deixe-o estar aqui, em torno de sua casa, a lamentar, a chorar o tempo bom.
Minha única pátria é ele e, na grande partida, amo-a mais.
Liberto a alma do final das palavras: amo-a mais.
Na partida, as borboletas carregam nossas almas, na partida
lembramos o botão que falta na camisa e esquecemos
a coroa dos dias vividos, lembramos o cheiro do licor adamascado e esquecemos
a dança do cavalo na noite de nossas bodas, na partida
igualamo-nos aos pássaros, compadecemo-nos de nossos dias, contentamo-nos

com pouco, basta-me você, com sua adaga dourada que faz dançar
meu coração morto, então, mate-me devagar... direi: amo-a mais do que
lhe disse antes da grande partida. Amo. Nada dói em mim:
nem o vento, nem a água, nem a manhã sem seu manjericão, nenhum
lírio de sua noite dói em mim depois desta partida...

X

**Do amor quero só
o começo**

Do amor quero só o começo. Os pombos
nas praças de Granada remendam as vestes deste dia.
Há muito vinho nas jarras para as festas que se darão depois de nós
e tantas janelas nas canções que até eclodem as flores de romã.

Deixo o jasmim no vaso, deixo meu pequeno coração
no armário de minha mãe, deixo meu sonho rindo na água
e a manhãzinha no mel da figueira, deixo meu hoje e meu ontem
no caminho até a Praça da Laranjeira onde os pombos voam.

Sou eu quem desceu até seus pés para que as palavras soergam
uma lua no leite de suas noites brancas?... Toque o vento
para eu ver o azul da Rua da Flauta... Toque a tarde caindo
para eu ver como adoece entre nós o mármore.

As janelas estão vazias sem os jardins de seu xale. Em outro
tempo, eu sabia muito de você, colhia gardênias
de seus dez dedos. Em outro tempo, eram minhas as pérolas
em torno de seu pescoço e era meu o nome num anel que iluminava as sombras.

Do amor quero só o começo. Os pombos sobrevoaram
o teto do último céu, voaram os pombos, voaram.
Muito vinho há de sobrar, depois de nós, nas jarras
e um pouco de terra basta para nos reencontrarmos, e dar-se a paz.

XI

Violinos

Violinos choram com os ciganos que se vão a Alandalus
Violinos choram pelos árabes que saem de Alandalus

Violinos choram por um tempo perdido que não volta
Violinos choram por uma pátria perdida que tem volta

Violinos incendeiam as matas de uma escuridão sem fronteiras
Violinos sangram os dentes farejando meu sangue nas veias

Violinos choram com os ciganos que se vão a Alandalus
Violinos choram pelos árabes que saem de Alandalus

Violinos são cavalos em cordas de miragem e água gemente
Violinos são campo de violetas selvagens ora perto ora distante

Violinos são animal fustigado por unha de mulher que o arranha e ele se afasta
Violinos são exército que ergue túmulos de mármore e alabastro

Violinos são o caos de um coração enlouquecido pelo vento do pé da dançarina
Violinos são bandos de pássaros que saltam da bandeira desaparecida

Violinos são queixas da seda enrugada na noite da apaixonada sozinha
Violinos são a voz de um vinho distante a cobrir um desejo antigo

Violinos me perseguem ali, aqui, para vingarem-se de mim
Violinos querem matar-me sempre e onde me virem

Violinos choram pelos árabes que saem de Alandalus
Violinos choram com os ciganos que se vão a Alandalus

Discurso penúltimo do "índio vermelho" diante do homem branco

Eu disse mortos?
Não há morte.
Só troca de mundos.

SEATTLE, CHEFE DOS DUWAMISH

1

Então, somos quem somos no Mississipi. Temos o que nos sobrou de ontem
mas a cor do céu mudou, o mar a leste
mudou, senhor dos brancos, senhor dos cavalos, o que você quer de quem
busca as árvores da noite?
Nosso espírito é alto, o pasto é sagrado e as estrelas
são palavras que iluminam... se prestar atenção nelas lerá nossa história inteira:
nascemos aqui, entre água e fogo... e renascemos nas nuvens,
margeando as ribeiras lápis-lazúli depois da ressurreição em breve.
Então, não mate mais a relva, o espírito dela em nós
defende o espírito na terra.

    Senhor dos cavalos! Ensine sua montaria a desculpar-se
    com o espírito da natureza pelo que tem feito a nossas árvores:
    É! Minha irmã árvore,
    fizeram você sofrer como sofri,
    não peça perdão aos
        lenhadores de nossa mãe...

2

... O homem branco não entenderá as palavras antigas
aqui, nas almas livres entre o céu e as árvores...
Colombo livre pode encontrar as Índias no mar que quiser
tem direito a chamar nossos vultos de pimenta ou índios
pode quebrar a bússola do mar para acertar o rumo
e corrigir os erros do vento norte, mas ele não pensa que os homens
são iguais, como o vento e a água, fora do domínio dos mapas,
que eles nascem como nascem as pessoas em Barcelona, embora
creiam no deus da natureza em todas as coisas... e que não adoram o ouro...
Colombo livre pode procurar uma língua que não encontrou aqui
e ouro nas caveiras de nossos bons avós... era dele afinal
tudo o que queria de nós mortos e vivos. Então
por que, de sua cova, persiste na guerra de extermínio até o fim?
De nós restam os ornamentos da ruína, alguma leve pluma
para recobrir os lagos. Setenta milhões de corações arrancados bastam

para você retornar de nossa morte como um rei assentado no trono do novo tempo,
ou é hora já, estrangeiro, de nos encontrarmos como dois estranhos
num mesmo tempo e num mesmo país, na beira de um abismo?
Temos o que temos... e temos o que vocês têm do céu
vocês têm o que têm... e têm o que temos da água e do ar
Temos o que temos de pedra... vocês têm o que têm de ferro
vamos dividir a luz em pleno escuro, pegue o que quiser
da noite e deixe-nos um par de estrelas para enterrar nossos mortos no céu
pegue o que quiser do mar e deixe-nos duas ondas para pescarmos o peixe
pegue o ouro da terra e do sol e deixe-nos a terra de nossos nomes
e volte, estrangeiro, a seu povo... procure as Índias.

3

Nossos nomes são ramagens de fala divina, pássaros que sobrevoam mais alto
que o fuzil. Não cortem as árvores do nome, vocês que vêm
do mar para a guerra, não insuflem seus cavalos a incendiarem as ribeiras.
Vocês têm seu deus, e nós o nosso, vocês têm seu credo, e nós o nosso.
Não enterrem Deus nos livros que lhes prometeram terras em nossa terra,
como propalam, nem façam de seu deus um guardião do palácio do rei!
Peguem as rosas de nossos sonhos para verem como vemos a alegria!
Durmam à sombra de nossos salgueiros para voarem feito um bando de pombos
como voaram nossos bons antepassados e voltaram em paz.
Sentirão falta, ó brancos, da lembrança de sua saída do Mediterrâneo.
Sentirão falta da solidão da eternidade numa mata que não deixa ver o abismo,
falta da lição das derrotas, das recidivas derrotas nas guerras,
de uma rocha que faça frente ao fluxo rápido do rio do tempo,
de uma hora para contemplarem alguma coisa, para que brote em vocês
um céu necessário para a terra, de uma hora de hesitação entre um caminho

e outro e, chegado o dia, sentirão falta de Eurípedes e da poesia de Canaã e da Babilônia,
dos cantares de Salomão sobre a Sulamita, da açucena da saudade, é, sentirão falta,
brancos, de certa lembrança que dome os cavalos da loucura, e de um coração
que roce as rochas para que o lapidem para o chamado dos violinos... sentirão falta
do desconcerto da arma: mas se tiverem de nos matar, não matem
as criaturas nossas amigas, nem matem nosso ontem, sentirão falta da trégua
com nossos fantasmas nas noites de inverno infecundas,
de um sol menos incandescente, de uma lua menos cheia, para que o crime apareça
menos festivo nas telas de cinema... então... levem o tempo que for necessário
para matarem Deus...

4

Sabemos o que esconde de nós esta ambiguidade eloquente:
um céu caído sobre nosso sal, que nos salva a alma, um salgueiro
que caminha, pés no vento, uma fera que funda um reino nos
interstícios do espaço ferido... um mar que nos salga a madeira das portas...
A terra não era mais difícil antes da criação, mas algo assim
nós já sabíamos... nosso começo e fim os ventos
vão-nos contar, mas hoje sangramos nosso presente
enterramos os dias na cinza das lendas: Atenas não é nossa
e sabemos de seus dias pela fumaça do lugar: Atenas também não é de vocês
sabemos o que hoje o poderoso metal prepara por causa de nós
e dos deuses que não defenderam o sal de nosso pão
e sabemos que a verdade vence o direito, que o tempo mudou
desde que mudaram as armas. Mas quem vai levantar nossas vozes
até a chuva seca nas nuvens? Quem vai lavar a luz depois de termos ido?
Quem vai habitar nosso santuário? Quem vai guardar nossos costumes

contra a grita do metal?... "Trouxemos-lhes a civilização", disse o estrangeiro, e disse:
"Sou o senhor do tempo, vim herdar de vocês a terra, um passo à frente
para eu contá-los e, cadáver após cadáver, cobrir o espelho do lago".
"Trouxemos-lhes a civilização", ele disse, "para que vivam os Evangelhos."
"Andem! um passo à frente", disse, "para que o Senhor seja só meu: índio morto é melhor,
para o Nosso Senhor nas alturas, que índio vivo, o Senhor é branco
e branco é este dia: vocês têm seu mundo, e nós o nosso..."
O estrangeiro diz palavras estranhas e cava na terra um fosso
para nele enterrar o céu. O estrangeiro diz palavras estranhas
e caça nossas crianças e as borboletas. O que prometeu a nosso jardim, ó estrangeiro?
Flores de zinco, mais belas que as nossas? Como queira, estrangeiro, mas
saberá que a corça não come a grama depois de tocada por nosso sangue?...
que os búfalos são nossos irmãos?... que as plantas são nossas irmãs?
Não cavouque mais a terra! Não machuque a tartaruga em cujas costas dorme a terra,
nossa avó terra: as árvores são seu cabelo, suas flores são nosso enfeite.

"Esta terra não tem morte", então não mexa na doçura da criação
não quebre os espelhos de seus jardins, não aterrorize
a terra, não lhe cause dor. Nossos rios são sua cintura.
E nós somos seus netos — vocês e nós, então não a matem...
Partiremos dentro em pouco, peguem nosso sangue e deixem-na
como ela é,
     mais bela que tudo o que Deus escreveu sobre as águas
para Ele... e para nós.
Ouviremos a voz dos ancestrais... nos ventos, tomaremos
seu pulso nos brotos das árvores. Esta terra é nossa avó
sagrada, pedra por pedra, é uma cabana de deuses
que habitaram conosco e iluminaram, a cada estrela,
nossas noites de oração... Se caminhamos descalços
é para roçar o espírito das pequenas pedras, e se andamos nus
é para que nos cubra o espírito dos ventos, mulheres

a nos devolver as dádivas da natureza — nossa história era a história da natureza.
O tempo tinha uma hora para nascermos nela e dela voltarmos a ela: devolvemos
as almas à terra, pouco a pouco, e guardamos a memória de nossos amados em jarras
com óleo e sal... era costume pendurarmos seus nomes nas aves dos rios...
Fomos os primeiros, nenhum teto havia entre o céu e o azul de nossas portas,
nem manadas de cavalos pastando a erva de nossas corças nos campos
e estranho algum cruzava a noite de nossas esposas. Deixem a flauta,
deixem-na chorar ao vento,
chorar as gentes deste lugar ferido... chorar vocês amanhã
chorar vocês... amanhã!

5

Adeus a nosso fogo, não
respondemos à saudação... não nos venham
com mandamentos do novo deus, o deus do ferro, não esperem
acordos de paz com nossos mortos... não sobrou nenhum
que lhes traga a paz com a alma e com os outros — aqui
construiríamos mais, não fossem os fuzis da Inglaterra,
o vinho francês e a gripe, vivíamos
como nos era dado viver, ao lado do povo das corças, guardávamos
nossa história oral. Trouxemos-lhes inocência e margaridas, mas
vocês têm seu deus, e nós o nosso, vocês têm seu ontem, e nós o nosso, e o tempo
é o rio e, quando olhamos o rio, um tempo chora copiosamente dentro de nós...
Não decoraram algum verso... que os faça parar a carnificina?
Não nasceram de mulher? Não mamaram o leite da saudade
de suas mães, como nós, não vestiram asas para
voar com as andorinhas, como nós? Nós lhes trouxemos a primavera,

não empunhem suas armas! Poderíamos trocar presentes e canções.
Aqui meu povo existiu. E aqui ele morreu. Aqui as castanheiras
guardam as almas de meu povo. E meu povo vai retornar como vento, luz e água.
Podem tomar a terra de minha mãe com a espada... não assino meu nome
em acordos de paz entre morto e matador, não assino meu nome
em contratos de venda de um palmo sequer de espinhos em torno dos campos de milho.
Sei que dou adeus a um último sol, que enrolo o corpo com meu nome
e caio no rio, sei que volto ao coração de minha mãe para que você,
senhor dos brancos, inicie sua era... Erga pois sobre meu cadáver
estátuas de liberdade que não respondem à saudação, cave uma cruz de ferro
em minha sombra de pedra... Subirei aos picos dos hinos, em breve —
hinos do suicídio em massa que entoam sua história ao longe —
farei cantarem as aves de nossas vozes: aqui
os estrangeiros derrotaram o sal, aqui
o mar se misturou às nuvens,

aqui os estrangeiros derrotaram a casca do trigo dentro de nós
e estenderam dutos de relâmpago e eletricidade,
aqui o sacre, triste, suicidou-se, aqui os estrangeiros
nos derrotaram. Nada nos sobrou no novo tempo.
Aqui nossos corpos se incensam, de nuvem em nuvem, no espaço,
aqui nossas almas cintilam, de estrela em estrela, no espaço do hino.

6

Um longo tempo passará até que nosso presente se faça passado, como nós.
Primeiro, passaremos à morte, protegeremos as árvores que vestimos,
o sino da noite e a lua que desejamos em cima de nossas cabanas
e protegeremos nossas corças, descuidadas, a argila das jarras
e nossas plumas nas asas das últimas canções. Daqui a pouco
seu mundo vai se sobrepor ao nosso: de nossas covas vocês abrirão caminho
até a lua artificial. Este é o tempo dos artifícios. O tempo
dos metais. De um pedaço de carvão sai a champanhe dos poderosos...
Tempo dos mortos e dos assentamentos, dos mortos e das escavadeiras, dos mortos
e dos hospitais, dos mortos e das telas de radar vigiando mortos
que morrem mais de uma vez na vida, vigiando mortos
que vivem depois da morte, mortos que criam a fera morta das civilizações,
mortos que morrem para carregar a terra em cima dos escombros...
Para onde leva meu povo e seu povo, senhor dos brancos?
A que precipício leva a terra seu robô armado de aviões e

porta-aviões, que precipício tão aberto vocês escalam?
Já têm o que têm: a nova Roma, a Esparta da tecnologia
      e... a ideologia da loucura.
E nós, nós fugiremos deste tempo para o qual não estamos preparados
ainda, iremos ao país dos pássaros, em bandos de pessoas do passado,
olharemos nossa terra nas pedras da terra, nas fendas das nuvens,
olharemos nossa terra na fala das estrelas, olharemos nossa terra
no vento dos lagos, no cabelo macio do milho, na
flor que nasce nas covas, nas folhas do álamo, em todas as coisas
que os cercam, ó brancos... mortos morrem, mortos
vivem, mortos voltam, mortos revelam segredos.
Deem tempo à terra, pois, ela dirá a verdade, toda a verdade
sobre vocês e nós
e sobre nós
e vocês!

7

Mortos dormem nos quartos que vocês vão construir.
Mortos visitam seu passado nos lugares que vocês vão destruir.
Mortos passam em cima das pontes que vocês vão construir.
Mortos iluminam a noite das borboletas, mortos
chegam de surpresa para tomar um chá com vocês, vêm calmos
como os deixaram seus fuzis. E vocês, hóspedes do lugar,
deixem um lugar para seus anfitriões... vêm ditar
a vocês os termos da paz... com os mortos!

Numa pedra cananeia no Mar Morto

Nenhuma porta o mar abre diante de mim...
eu disse: meu
poema pedra, perdiz, voa até meu pai. Sabe o que
se passa comigo, meu pai? Nenhuma porta o mar fecha diante de mim,
nenhum espelho quebro para o caminho espalhar-se em seixos diante de mim,
ou
nalguma
espuma... Haverá
quem chore por alguém para que eu lhe carregue a flauta
e externe o que escondem meus escombros?
Sou um pastor de sal em Alaghwar. Um pássaro me bica
a língua e faz com ela um ninho azul sobre minha tenda...
Algum país que decante
de mim para que eu o veja, como quero, e ele me veja
na costa ocidental de mim, assentado na pedra da eternidade?

A ausência dele é toda árvores que o deixam ser visto a partir dele mesmo
e me deixam ser visto a partir da fumaça que exalo.
Jericó dorme debaixo de sua palmeira antiga, não vejo
ninguém sacudir seu leito: durma, aquelas caravanas sossegaram...
Busquei um pai para meu nome, e fendeu-me
um cajado mágico: meus mortos ou minhas visões saltam-me do sonho?
Os profetas são todos minha família, mas o céu dista
de sua terra e eu disto de minhas palavras...
Nenhum vento me eleva mais alto que meu passado aqui,
nenhum vento descola uma onda do sal deste mar,
nenhuma bandeira sinaliza a paz aos mortos, nenhuma
voz chega aos vivos para que troquem palavras de paz...
O mar carrega minha sombra prateada no alvorecer e me leva às
primeiras palavras que eu disse ao peito da primeira mulher, e o mar é vivo morto
na dança do pagão em torno de seu espaço

e é morto vivo no duplo poema/sabre.
Ali, entre o Egito, a Ásia e o Norte... ó estranho, pare seu cavalo
debaixo de nossa palmeira! Nos caminhos que levam até a Síria,
estranhos trocam capacetes entre si, ali onde brotará o manjericão
que os pombos levam mundo afora desde que levantam voo de cima das casas.
O mar está morto, por monotonia, em testamentos que não morrem, e eu
sou eu... mesmo você sendo o que é, sou um estranho
para a palmeira do deserto, desde que nasci entre a multidão, eu
sou eu, uma guerra me atinge e uma outra levo dentro de mim... então, estranho,
pendure sua arma no alto de nossa palmeira, assim posso plantar meu trigo
no campo sagrado de Canaã... e tome vinho de nossas jarras, ó estranho,
tome uma página do livro de meus deuses e compartilhe de minha comida,
tome a gazela que borbulha nas canções e as preces
que uma cananeia entoa no dia da colheita de sua uva, tome nosso modo
de rega e nossas lições de como erguemos a casa. Ponha

uma pedra de adobe e, em cima, erga uma torre para as pombas,
assim será um de nós, se quiser, e será vizinho de nosso trigo. Toma de nós,
amigo, as estrelas do alfabeto e escreva comigo
cartas do céu para o temor dos povos à natureza e aos povos,
e deixe Jericó debaixo de sua palmeira, e de mim não roube o sonho
nem o leite de minha mulher, nem o sustento da formiga na brecha do mármore!
Você veio, depois matou e herdou... Foi só
para aumentar o sal deste mar?
Eu sou eu e, ano após ano, reverdeço em cima do tronco do salgueiro.
Este sou eu, eu sou eu, aqui é meu lugar em meu lugar.
Agora, vejo-o no passado e como chegou, mas você não me vê.
Agora, ilumino no passado o amanhã
de meu hoje... meu tempo dentro de mim se distancia de meu lugar
às vezes, e meu lugar dentro de mim se distancia de meu tempo.
Os profetas são todos minha família, mas o céu dista
de sua terra, e eu disto de minhas palavras.

O mar vai abaixo de sua superfície e meus ossos
boiam como árvores. Minha ausência é toda árvores, minha porta tem por sombra
uma lua, minha mãe é cananeia e este mar é uma ponte firme
para a passagem no Dia da Ressureição. Quantas vezes, meu pai,
morrerei em cama de mulher lendária
que Anate escolheu para mim, ateando fogo nas nuvens?
Quantas vezes morrerei nas hortelãs que tenho nas antigas várzeas, sempre
que o vento as roça de seu alto norte como mensagens trazidas por pomba?
Minha ausência é um senhor que recita suas leis
aos netos de Ló e que só em mim vê o perdão a Sodoma.
Essa minha ausência é um senhor que recita suas leis dispensando o que penso.
O que importa o espelho para o espelho? Tenho um rosto voltado ao seu, mas você
não sai da história, não apaga o vapor do mar em seu corpo,
e o mar, este mar, é menor que as lendas em torno dele e menor que suas mãos,
é a linha divisória cristalina, seu começo e fim, e aqui não faz sentido
sua entrada risível numa lenda segundo a qual seus exércitos são levados à ruína

enquanto outro exército conta sua história cavando seu nome
numa montanha, e vem um terceiro e traceja a vida de uma adúltera,
e vem um quarto e apaga os nomes de quem o precedeu. Todo exército tem seu poeta
e seu historiador, e um rebabe por instrumento para embalar as sátiras do começo ao fim...
Em vão procuro minha ausência, mais simples que os burricos dos profetas
no declive da montanha, carregando no lombo um céu para a humanidade...
O mar, este mar ao alcance de minhas mãos, caminharei sobre ele,
cavarei sua prata e moerei seu sal com estas mãos. Este mar
ninguém domina. Ciro, o Faraó, César, o Négus,
e outros, vieram para que estas mãos escrevam seus nomes nas tábuas.
Eu escrevi: a terra é de meu nome, e o nome da terra são deuses que dividem comigo
meu lugar no assento de pedra. Não parti, nem voltei com o tempo bambo.
Eu sou eu e, mesmo derrotado, vi meus dias diante de mim
como ouro cobrindo minhas árvores do princípio, vi a primavera de minha mãe e vi,
meu pai, as plumas dela bordarem dois pássaros:
um para seu xale e outro para o de minha irmã, e vi uma borboleta

não se abrasar em outra por nossa culpa, e vi um corpo
para meu nome: minha voz, pombo, é voz da pomba.
Vi nossa casa atapetada com plantas, tinha uma porta de entrada
e outra de saída, e uma de entrada e saída...
Terá entrado por uma e saído por outra Noé quando disse
o que disse sobre o mundo?... que tem duas portas diferentes... Mas o cavalo
que monto voa, voa mais alto e caio
como onda que varre os declives das montanhas. Meu pai,
eu sou eu e, mesmo derrotado, vi minha mãe diante de mim
e, entre meus papéis, vi uma lua olhando a palmeira...
Vi um abismo e vi a guerra depois da guerra, aquela tribo ali
extinguiu-se, aquela outra disse ao atual Hulago: Somos seus.
Eu digo: Não somos nação escrava, e Ibn Khaldun tem meu respeito.
Eu sou eu, mesmo derrotado por um vento metálico... A nova guerra
cruzada entregou-me ao deus da vingança e ao mongol
escondido atrás da máscara do imame

e às mulheres de sal numa lenda que me esburaca os ossos...
Eu sou eu e, mesmo você sendo meu pai, sou um estranho
para a palmeira do deserto, desde que nasci entre a multidão.
Eu sou eu: nenhuma porta o mar abre diante de mim
eu disse: meu
poema pedra, perdiz, voa até meu pai. Sabe o que
se passa comigo, meu pai? Nenhuma porta o mar fecha diante de mim,
nenhum espelho quebro para o caminho espalhar-se em visões... diante de mim,
e os profetas são todos minha família, mas o céu dista
de sua terra e eu disto
de minhas palavras...

Elegeremos Sófocles

Se este outono for o último outono, peçamos desculpas
pelo fluxo e refluxo do mar e das recordações... desculpas pelo que fizemos
a nossos irmãos antes da era do bronze: ferimos muitos seres
com armas feitas com os ossos de nossos irmãos, para nos tornar
seus descendentes perto da água das fontes; pedimos desculpas
à família da gazela pelo que fizemos perto da água das fontes: quando
um fio púrpura jorrou na água, não atinamos que era nosso
sangue a escrever nossa história nas anêmonas deste belo lugar.

E se este outono for o último outono, unamo-nos às nuvens
para chover sobre a planta que coroa nossos hinos,
e para chover sobre os troncos das lendas... e sobre as mães que, na flor
da idade, pararam para resgatar nossa história dos recitadores
que prolongavam os capítulos da partida.
Não podíamos ter ajustado, um tanto, o capítulo da partida
para acalmar dentro de nós o grito da palmeira?

Nascemos ali, sobre os cavalos, e nos queimamos sob o sol da Jericó antiga.
Erguemos tetos nas casas para a sombra recobrir nossos corpos. Celebramos
a colheita da uva e a colheita da cevada, a terra a enfeitar nossos nomes
com seus lírios e seu nome. E trabalhamos nossas pedras, sem pressa,
até o ponto de elas ornarem nossas casas relumbradas com a luz e os laranjais...
Pendurávamos nossos dias em chaves feitas com madeira do cipreste. Vivíamos devagar.
A vida sabia às pequenas diferenças entre as estações.

E se este outono for o último outono, afastemo-nos dos
céus dos exílios e das árvores dos outros. Envelhecemos pouco
e não atinamos com as dobras de tom nas flautas... O caminho alongou-se,
e não reconhecemos que percorríamos a mesma trilha de César. Não atinamos com a poesia
que esvaíra os sentimentos em sua gente para ampliar as margens do poema
e levantar-nos a tenda onde cambaleamos com as guerras entre a Pérsia e Atenas
e entre o Iraque e o Egito. E nós amamos o arado

mais do que amamos a espada, amamos o vento do outono e amamos a chuva,
amamos a natureza arrebatada pelas tradições de deuses que nasceram entre nós
para proteger-nos dos ventos secos e dos cavalos do inimigo desconhecido.
Mas nossas portas entre o Egito e a Babilônia estão abertas para as guerras
e estão abertas para a partida.

... E se este outono for o último outono, abreviemos
nossos encômios aos momentos antigos, nos quais lavramos nossos salmos,
pois outros lavraram por cima outros salmos,
que não se apagaram ainda. Da couraça no chão sobe a malva
que esconde com sua flor vermelha o que a espada fez ao nome.
E em nossas ruínas, um verde brotará da sombra quando conseguirmos chegar
a nossa mãe, no final deste longo caminho.

Temos o que é nosso. Cada coisa é nossa. As palavras da despedida nos
preparam seu ritual de enfeites... Cada palavra é uma mulher
vigiando, à porta, o retorno do eco. Cada palavra é uma árvore
tocando, com o vento, o cadeado do espaço. Cada palavra é um terraço
que se abre às manchas da nuvem no chão da praça vazia
e que se abre à própria sombra nas penas do pombo.

Temos o que é nosso. Cada coisa ali é nossa... nosso ontem
cuida de nossos sonhos, imagem por imagem, e ajeita nossos dias
com os dias de nossos irmãos do passado e com os dias de nossos inimigos do passado.
Somos aqueles que se queimaram sob o sol do país longínquo, aqueles
que vêm ao início da terra para trilhar os caminhos do passado,
e para ter a rosa do passado
e falar a língua do passado

elegeremos Sófocles, antes que Imru Alqays, e por mais
que tenha mudado o figo dos pastores, por mais que nossos
irmãos do passado e nossos inimigos do passado tenham saudado
a César, celebrando, juntos, a escuridão, por mais
que tenha mudado a religião dos recitadores... haverá um poeta
em busca de um pássaro entre o bando, que risque a face do mármore
e abra, nos declives das montanhas, trilhas para os deuses passarem
e espalharem a terra do céu na terra; haverá uma lembrança
que nos faça esquecer e perdoar, quando a paz final resolver
o que há entre nós e entre a gazela e o lobo; haverá uma lembrança que
nos faça eleger Sófocles, em última instância, para interromper o ciclo;
e haverá um cavalo que pise os campos deste relincho...

No outono, temos um poema de amor... um breve poema de amor.
O vento nos faz girar, amor, e caímos perto do lago, aprisionados.
Tratamos o vento doente, sacudimos os galhos para ouvir seu pulso.
E diminuímos os ritos de adoração, deixando deuses aos povos nas duas margens.
E deles levamos o menor, com as provisões do caminho, e levamos junto... esse caminho;
andamos e, chegados às fontes, lemos nossos vestígios... Passamos por aqui?
Este vidro colorido é nosso? Somos quem somos?
Em breve saberemos o que a espada fez com o nome.
Então, amor, deixe-nos o que é nosso... do vento dos campos.
Um poema de amor temos no outono, um último poema de amor.
Não pudemos abreviar a idade do caminho, mas nossa idade
nos persegue e insta a irmos até o começo do amor. Fomos, amor,
as raposas daquela cerca e a camomila do prado. Víamos o que sentíamos.
Para badalo, o sino do tempo tinha nossa avelã e, para chegarmos ao campo
lunar, tínhamos, dentro, um único caminho. Para noite, a noite tinha
a amora escura. E falávamos sempre de uma única lua. Éramos

os contadores da história antes de chegarem os invasores em nosso amanhã...
Quem dera fôssemos as árvores das canções, seríamos... a porta de uma choça, o teto de uma casa, a mesa para o jantar dos amantes, ou o assento para o meio-dia.
Dê-nos um pouco mais de tempo, amor, para fiarmos a bela veste da miragem.

Nossa sombra sulina nos fala nas tertúlias, enquanto feras fêmeas uivam
à lua rubra que nos encima. Vamos buscar o pão dos pastores
e vestir o linho de suas vestes para nos surpreendermos...
        Aqueles nossos dias
passam diante de nós lenta e compassadamente...
        Aqueles nossos dias
passam em carros militares, saudando os suaves declives das montanhas:
"Paz à terra de Canaã, terra da gazela e da púrpura".
        Nossos dias, aqueles...
  desfiam linha após linha, e somos nós que

tecemos o manto de nossos dias. Só o que resta aos deuses é
termos velado juntos as noites, eles a escançarem-nos seu vinho...
                                   Aqueles nossos dias
observam-nos e nos dão mais sede... Não atinamos com nossas feridas
dentre tantas feridas antigas, mas este lugar-hemorragia
carrega nossos nomes. Não é nosso erro termos nascido aqui,
e não é nosso erro muitos invasores avançarem sobre nós
aqui e gostarem de como louvamos o vinho e gostarem de nossas lendas
e da prata de nossas oliveiras. Não é nosso erro as donzelas
nas terras de Canaã pendurarem calças na cabeça das cabras
para que amadureça o figo das estepes e cresça o pêssego das campinas.
E não é nosso erro muitos recitadores sondarem nosso alfabeto
para descrever nossa terra, como a descrevemos... E aquelas nossas vozes
e aquelas vozes deles entrecortam-se por cima das colinas, formando um só eco
ao eco, fundindo uma flauta em outra, e o vento uiva e uiva, em vão,

como se nossos hinos no outono fossem hinos deles no outono,
como se o país estivesse a sussurrar-nos o que dizer...
Mas a festa da colheita da cevada é nossa, e Jericó é nossa, e nossas
são as tradições no louvar as casas, no cultivar o trigo... e a púrpura.

Paz à terra de Canaã,
        terra da gazela
                e da púrpura.

O longo inverno de Rita

Rita ajeita a noite em nosso quarto: é pouco
este vinho,
e estas flores excedem a cama,
abro a janela para perfumarem a noite bela.
Ponha, aqui, uma lua na cadeira e, em cima,
um lago ao redor de meu lenço, e deixe a palmeira se
erguer mais e mais.
Vestiu outra igual a mim? Outra o habitou para que você soluce
toda vez que seus braços enrolam meu tronco?
Coce meu pé, coce meu sangue... vamos ver
o que deixam atrás de nós as
tempestades e torrentes.

Rita dorme no jardim de seu corpo.
A amora do cercado em suas unhas ilumina o sal em meu corpo.
Dois pássaros, meu amor, dormem embaixo de minhas mãos
enquanto uma onda de trigo nobre dorme em seu lento respiro
e uma rosa vermelha dorme no corredor e dorme
uma noite que não se demora e dorme um mar
diante de minha janela, subindo e descendo, ao ritmo
de Rita, nos raios de seu peito nu. Durma então
entre nós, e não cubra o ouro da escuridão profunda. Durma,
uma das mãos cingindo o eco, a outra
cavoucando a solidão das matas...
Durma entre um vestido pistache e um banco de limão,
como égua estampada nos estandartes da noite de núpcias...
O relincho acalmou
e a colmeia de abelhas em nosso sangue acalmou. Rita esteve aqui?
Estivemos juntos?

... Rita vai partir em breve, vai deixar sua sombra
como cela branca. Onde nos encontraremos?,
suas mãos perguntaram, olhei para longe,
o mar atrás da porta, o deserto atrás do mar,
beije-me nos lábios, ela disse, e eu disse: Rita, saio de novo enquanto
tenho uva e lembrança e as estações me deixam
murmurando entre o gesto e a palavra?
O que você diz?
Nada, Rita. Imito o cavaleiro de uma canção
que fala da maldição do amor retido nos espelhos...
Que fala de mim?
E de dois sonhos num travesseiro, desentendem-se, fogem, um
puxa a faca, o outro dá instruções à flauta.
Não sei o que significa, ela diz.
Nem eu, minha língua são farpas
como o sentido a que falta mulher. E cavalos suicidam-se
no final do campo...

        Rita sorve o chá da manhã
e descasca a primeira maçã usando dez lírios.
Ela me diz: Não leia jornal agora. Tambores são tambores.
As guerras não são meu forte. Eu sou eu, e você é você?
Eu sou ele,
que a viu como gazela a jogar-lhe suas pérolas,
que viu seu desejo persegui-la como água corrente
e nos viu dois perdidos reunidos na cama
e distanciados como estrangeiros num porto, carregados pelo exílio
como folha ao vento, atirados na frente das pousadas para estrangeiros,
como cartas lidas às pressas.
Você me leva?
Serei um anel para seu coração descalço, me leva?
Serei sua roupa num país que o mima e depois derruba...
Serei o caixão de hortelã carregando sua morte

e você... será meu morto-vivo.
Rita, o guia se perdeu, e o amor
é como a morte: promessa inquebrantável... não se apaga.

    ... Rita prepara meu dia —
codornas se aglomeram em torno de seu salto alto:
bom dia, Rita;
nuvens azuis cobrem o jasmineiro debaixo de suas axilas:
bom dia, Rita;
uma fruta ilumina a manhãzinha: bom dia, Rita;
devolva-me a meu corpo, Rita, para que as agulhas do pinho
se acalmem, por um instante, em meu sangue abandonado, desde que você...
Toda vez que abraço a torre de marfim, duas pombas escapam de minhas mãos.
Ela disse: Voltarei depois que os dias e os sonhos tiverem mudado. Rita... é muito longo

este inverno, e nós somos nós, então não diga o que digo, ela,
ela é quem viu você pendurado na cerca e o fez descer e então o abraçou
e o lavou com o próprio sangue, e depois o cobriu, espalhando por cima açucenas,
e você, entre as espadas dos irmãos e a maldição da mãe. Eu
sou ela, e você... é você?

      ... Rita levanta-se
de meus joelhos, visita seus enfeites, amarra o cabelo com borboleta
prateada, o rabo de cavalo brinca com as sardas espalhadas,
gotinhas de luz escura por cima do mármore feminino.
Rita leva o botão de volta à camisa mostarda... Você é meu? Sou
seu, se você tivesse deixado a porta aberta em meu passado... agora
tenho um passado nascendo de sua ausência,
do chiado do tempo na chave desta porta... agora

tenho um passado sentado perto de nós, como a mesa,
tenho a espuma de sabão,
                o mel temperado,
                        o sereno,
                              o gengibre
e são seus os cervos, se você quiser, seus os cervos e as planícies,
são suas as canções, se você quiser, suas as canções e o maravilhamento...
. eu nasci para amá-lo,
potra que faz dançar a mata e cava seu ocultamento no coral,
nasci senhora para seu senhor, tome-me, vou escançar-lhe
o vinho cabal da cura de si em si mesmo, dê-me
seu coração, nasci para amá-lo,
deixei minha mãe nos salmos antigos, amaldiçoando-o e seu mundo e seu povo,
encontrei os guardas da cidade, alimentando o fogo com este seu amor, e eu
nasci... para amá-lo.

... Rita quebra a noz de meus dias... os campos alargam-se.
Tenho esta pequena terra, um quarto numa rua
no piso térreo de um prédio no alto da montanha
que dá para o vento do mar, tenho uma lua da cor do vinho e uma pedra polida.
É minha uma parte do cenário das ondas viajando nas nuvens,
parte do Gênesis, e parte do Livro de Jó,
parte do dia da colheita, e parte do que já tive, parte do pão de minha mãe,
e parte das açucenas dos vales nos poemas dos antigos apaixonados,
e parte... da sabedoria do apaixonado: a vítima apaixona-se pelo rosto de seu assassino.
Se você atravessasse o rio, Rita.
Onde está esse rio?, ela disse...
Eu disse: Em você e em mim há um só rio.
Verto sangue, verto lembranças.
Os guardas não me deixaram nenhuma porta aberta. Confiei nos horizontes...
olhei embaixo, olhei em cima, olhei ao redor,

não encontrei horizonte para olhar, só meu olhar na luz,
devolvido ao meu redor. Eu disse: Volte outra vez para mim. Verei
alguém tentando ver um horizonte ajeitado por um profeta
com duas palavrinhas: eu e você,
pequena alegria numa cama estreita... alegria mínima.
Não nos mataram, ainda, Rita... é pesado
este inverno, e frio.

                    ... Rita canta sozinha
ao correio de seu exílio num norte distante: deixei minha mãe sozinha
perto do lago, chorando minha infância distante dela, sozinha,
toda noite dorme abraçada a uma pequena trança minha.
Minha mãe, quebrei a infância e me fiz mulher criando o peito
na boca do amado. Rita gira em torno de si mesma, sozinha:

não há terra para dois corpos em um corpo, nenhum exílio
para o exílio dos pequenos quartos; a saída é a entrada, em vão
cantamos entre dois abismos. Partamos... assim clareia o caminho.
Não consigo, nem eu, ela dizia e não dizia
enquanto freava as éguas em seu sangue: Vem de terra distante
a andorinha, ó estranho ó amado, a meu jardim solitário?
Leve-me... para uma terra distante,
leve-me para a terra distante, ela soluçou, é longo
este inverno,

            e quebrou a louça do dia na grade da janela,
colocou seu pequeno revólver no rascunho do poema,
jogou as meias na cadeira, e o arrulho se quebrou.
Foi, descalça, ao desconhecido, e eu... a partida me acolheu.

Um cavalo para o estrangeiro
(para um poeta iraquiano)

Separei, para sua elegia, vinte anos de amor. Você estava só,
preparando um exílio à senhora das tílias e uma
casa a nosso senhor nas alturas da fala. Fale, assim escalaremos
sempre mais a escada do poço... Onde está, meu amigo? Venha,
deixe-me carregar-lhe a fala... nesta elegia.

... Fosse ponte, nós a atravessávamos, mas é a casa e o abismo.
A lua babilônia reina nas árvores da noite, mas esse reino
não é mais nosso, desde que os tártaros voltaram montando nossos cavalos. Os novos
tártaros arrastam nossos nomes atrás deles, nas brechas das montanhas, e esquecem-nos,
esquecem, dentro de nós, uma palmeira e dois rios: esquecem, dentro de nós, o Iraque.

Você não me disse no caminho rumo ao vento... que em breve
carregaríamos nossa história com significados, em breve a guerra esfriaria
e em breve elevaríamos de novo os sumérios nos cantares
e abriríamos a porta dos teatros para as pessoas e para todos os pássaros
e voltaríamos ao que o vento nos trouxe?

... Já não há, na terra, um lugar para o poema, meu amigo,
haverá um lugar no poema, ainda, para a terra sem o Iraque?
Roma barrou as chuvas de nosso mundo. E os negros tocam suas luas
como bronze no jazz. Roma leva o tempo de volta às cavernas, e avança
sobre a terra... então, procure outro exílio para seu exílio...

Temos quartos, você e eu, nos jardins de agosto, aqui nesta terra
que gosta de cachorros e odeia seu povo e o nome do sul. E temos
um resto de mulheres que foram banidas da camomila. Temos os bons
amigos ciganos. Temos a escada que leva ao bar. Temos Rimbaud. E
um piso de castanha. Temos tecnologia para matar o Iraque.

O vento de seus mortos sopra do sul, você me pergunta: Vejo-o ainda?
Digo: Sim, morto na tevê, no programa de notícias das cinco da tarde.
De que me vale a liberdade, ó esculturas de Rodin? Não se pergunte, e não
pendure, como um sino, minha memória nos cachos da palmeira. Perdemos
nossos exílios desde que o vento de seus mortos soprou do sul...

Haverá um cavalo para o estrangeiro seguir a trilha de César, ou
voltar da fisgada da flauta; sim, haverá um cavalo para o estrangeiro.
Mas não podíamos ter visto uma lua, uma que fosse, que não significasse
mulher? Não podíamos diferenciar,
meu amigo, visão de imaginação?

Temos isto... abelhas e palavras. Nascemos para escrever sobre
as ameaças que nos vêm de mulheres, de César... e da terra, quando ela se faz língua;
nascemos para escrever sobre o segredo incrível de Gilgamesh e para fugir de nossa era.
Fomos atrás do tempo de nosso vinho dourado e atrás de nossa sabedoria viva.
As canções da saudade eram do Iraque, e o Iraque... uma palmeira e dois rios.

... Em Russafa tenho uma lua e no Tigre e no Eufrates tenho um peixe.
Tenho um recitador no sul e uma pedra de sol em Nínive.
No norte das dores tenho um Nairuz, nas tranças de uma curda.
Tenho uma rosa nos jardins da Babilônia e tenho um poeta em Buwaib.
E tenho meu corpo sob o sol do Iraque.

Tenho minha imagem na garganta, e tenho a garganta em minha imagem.
Sempre que vamos longe do rio, o mongol passa entre nós, meu amigo,
como se os poemas fossem as nuvens das lendas. O Oriente não é um oriente,
nem o Ocidente é um ocidente. Nossos irmãos uniram-se no instinto de Caim. Não
repreenda seu irmão, a violeta é a lápide da tumba...

... Tumba para Paris, Londres, Roma, Nova York, Moscou. E tumba
para Bagdá... Podia a cidade acreditar em seu passado predito?
Tumba para Ítaca, seu caminho e difícil propósito. Tumba para Jafa...
E tumba para Homero também, e para Albuhturi. Tumba é a poesia, tumba
de vento... pedra do espírito, ó nosso silêncio!

Acreditamos, para selar a errância, que o outono mudou dentro de nós,
que somos as folhas deste pinho, que somos o cansaço
diminuído, fora do corpo, como o orvalho derramado
sobre a gaivota branca que mira em nós o poeta apreensivo
e a última lágrima do árabe, deserto... deserto.

... Não resta nenhum pássaro em nossa voz para a partida a
Samarcanda, ou a outro lugar. O tempo se quebrou, a língua se quebrou,
e este vento que um dia carregamos nos ombros,
como cachos de uva de Mosul, parece-nos uma cruz.
Esse fardo do poema, agora, quem vai carregá-lo por nós?

Nenhuma voz sobe, nenhuma voz desce, e em breve
gastaremos nossa última palavra num louvor ao lugar; em breve
olharemos nosso amanhã com ternura, abandonado atrás, na seda dos discursos antigos;
veremos nossos sonhos procurando por nós nos caminhos,
procurando a águia em nossas bandeiras negras...

Deserto para a voz, deserto para o silêncio, deserto para a insensatez eterna.
Deserto para as tábuas da lei, para os livros nas escolas, para os profetas, para os sábios.
Deserto para Shakespeare e para todos que procuram Deus no humano.
Aqui escreve o último árabe: sou o árabe que não existiu,
sou o árabe que não existiu.

Diga agora que você estava errado, ou nem diga:
os mortos não ouvirão suas desculpas, não lerão
os jornais de seu matador para ver o que veem, não voltarão
à eterna Basra para saber o que você fez com
a própria mãe, quando notou o azul do mar...

... Diga que não viajamos para voltar... ou nem diga.
O que foi dito por último a sua mãe saiu em seu nome:
Alguma prova agora de que você seja minha mãe, a única?
E se estes forem mesmo nossos dias, que sejam o cemitério
que são, não como se mostra a nova Sodoma.

Os mortos não perdoarão quem parou, como nós, indeciso
na beira do poço: José o sumério é nosso irmão,
nosso belo irmão? Roubemos dele os astros desta bela noite...
E se for preciso matá-lo, seja César então, ele
é o sol por cima do Iraque morto.

E nasceremos: eu de você e você de mim. Pouco a pouco retirarei de seu corpo
os dedos de meus mortos, os botões de suas camisas, suas placas de identidade.
E você retirará de meu corpo as cartas de seus mortos escritas a Jerusalém.
Removeremos, depois, o sangue de nossos óculos para de novo ler Kafka
e abrir duas janelas para a rua das sombras...

... Meu interior é meu exterior. Não se fie muito na fumaça do inverno,
abril logo sairá de nosso sono. Meu exterior é meu interior,
não se preocupe então com as estátuas... uma moça iraquiana bordará seu vestido
com a primeira flor da amendoeira, e escreverá a primeira letra de seu nome, amigo,
na ponta da flecha, por cima do nome dela...
                                          onde se ergue como vento o Iraque.

2ª reimpressão

Este livro foi composto em F37 Bella Stencil e Bau e impresso sobre papel Pólen Bold 90 g/m² pela gráfica Santa Marta em abril de 2024.